Minimalismo

Practica El Arte De La Felicidad Y La Vida Significativa Con Menos

(28 Días Pasos Para Simplificar Su Ordenación Mejore Su Vida Entera)

Leni Nino

Publicado Por Daniel Heath

© **Leni Nino**

Todos los derechos reservados

Minimalismo: Practica El Arte De La Felicidad Y La Vida Significativa Con Menos (28 Días Pasos Para Simplificar Su Ordenación Mejore Su Vida Entera)

ISBN 978-1-989808-59-7

Este documento está orientado a proporcionar información exacta y confiable con respecto al tema y asunto que trata. La publicación se vende con la idea de que el editor no esté obligado a prestar contabilidad, permitida oficialmente, u otros servicios cualificados. Si se necesita asesoramiento, legal o profesional, debería solicitar a una persona con experiencia en la profesión.

Desde una Declaración de Principios aceptada y aprobada tanto por un comité de la American Bar Association (el Colegio de Abogados de Estados Unidos) como por un comité de editores y asociaciones.

No se permite la reproducción, duplicado o transmisión de cualquier parte de este documento en cualquier medio electrónico o formato impreso. Se prohíbe de forma estricta la grabación de esta publicación así como tampoco se permite cualquier almacenamiento de este documento sin permiso escrito del editor. Todos los derechos reservados.

Se establece que la información que contiene este documento es veraz y coherente, ya que cualquier responsabilidad, en términos de falta de atención o de otro tipo, por el uso o abuso de cualquier política, proceso o dirección contenida en este documento será responsabilidad exclusiva y absoluta del lector receptor. Bajo ninguna circunstancia se hará responsable o culpable de forma legal al editor por cualquier reparación, daños o pérdida monetaria debido a la información aquí contenida, ya sea de forma directa o indirectamente.

Los respectivos autores son propietarios de todos los derechos de autor que no están en posesión del editor.

La información aquí contenida se ofrece únicamente con fines informativos y, como tal, es universal. La presentación de la información se realiza sin contrato ni ningún tipo de garantía.

Las marcas registradas utilizadas son sin ningún tipo de consentimiento y la publicación de la marca registrada es sin el permiso o respaldo del propietario de esta. Todas las marcas registradas y demás marcas incluidas en este libro son solo para fines de aclaración y son propiedad de los mismos propietarios, no están afiliadas a este documento.

TABLA DE CONTENIDO

Parte 1 1

Introducción 2

Capítulo 1: ¿Qué Es El Minimalismo? 3

Capítulo 2: Desprenderse De Posesiones Matriales 7

Renunciar A Cosas 8
Invertir En Experiencias 8
Cultivar Relaciones Sanas 9
Ayuda A Otros 10

Capítulo 3: Técnicas De Organización Minimalista 12

Hacer Un Inventario 12
Paquete No Esencial.. 13
Reubicar 14
Donar O Dar Por ¨Caridad¨ 15

Capítulo 4: Menos Estrés 16

La Infelicidad 16
Estrés Mental 17
Deseo Por Más 18
Tiempo Limitado Para La Recreación 19

Capítulo 5: Organizar Tu Horario 20

Identifique Su Propósito 20
Tareas Prioritarias 21
Elimine Obstáculos 22
Búsqueda De La Motivación 23

Capítulo 6: Aprende A Ser Agradecido Con Lo Que Tienes 24

Conclusión 28

Parte 2 29

Introducción 30

Capítulo 1: ¿Qué Es Minimalismo?......... 31

Capítulo 2: Derribando Los Mitos Sobre El Minimalismo... 36

SOBRE EL TEMA DE LA CRIANZA. 36
MINIMALISTAS SON PADRES HORRIBLES.. 37
LOS MINIMALISTAS NO POSEEN NADA Y QUIEREN QUE OTROS HAGAN LO MISMO. 38

Capítulo 3: Los Beneficios Del Minimalismo 39

Capítulo 4: Empezando Con El Minimalismo..................... 42

I. DESHACERSE DEL EXCESO... 42
II. CONVERTIRSE EN UN CONSUMIDOR INTELIGENTE 44
III. MINIMALISMO CON NIÑOS.. 45

Capítulo 5: Consejos Simples Para Ordenar Su Espacio...... 48

Conclusión 52

Parte 1

Introducción

¡Quiero agradecerte y felicitarte por la descarga de este libro.

Este libro tiene pasos comprobados yestrategias de cómo reducir el estrés e incrementar la felicidad viviendo un estilo de vida minimalista.

lEn este libro descubrirásque el estilo de vida minimalista no está limitado a posesiones materiales,puede ser aplicado en tu vida diaria comenzando por organizar tu casay reorganizando tu horario. Aprenderás a regresar a lo básicoy un simple comienzo. Este libro le enseñará a convertirse en un minimalistasólo cambiandoalgunas cosas en tu tiempo. Adoptando un estilo de vida minimalistacambiará tu manera de conducirte y tu apariencia en la vida.

¡Gracias de nuevo por descargareste libro, espero que lo disfrutes!

Capítulo 1: ¿Qué es el minimalismo?

Quitar para añadir, Iluminación para tener más tiempo y más libertad.Deje de esperar por algo o alguien para ser feliz y aprenda a estar satisfecho sólo con lo que usted necesita. El minimalismoes una invitación para tomar una pausa y repensar sobre la manera en que vivimos y cómo gastamos nuestro tiempo y nuestro dinero. En este libro encontrará tips interesantesen relación al minimalismo, cómo vivir una vida simple ycómo convirtiéndose en un minimalista cambiará su vida.

¿Por qué la gente quiere el último aparato?, el IPad oel último grito de la moda fashion?Si para de pensar en lo que otros piensan, finalmente podemos manejar lo que pensamos de acerca de nosotros mismos, de lo que realmente queremos y lo que es nuestro auténticas escala de valores, entonces, estaremos dispuestos a concentrarnos en la energía y en nuestro tiempo, en lo que es importante para nosotros y lo que hace a nuestras vidas ligeras.

El minimalismose basa en tener lo suficiente. Suficiente significa no teniendo más ni menos de lo que necesitas. Lo que necesitamos es preocuparnos por los bienes materiales pero también en las relaciones interpersonales, éxito laboraly el estilo de vida. Hay millones de personas que tienen todas estas cosas , siguen las reglas de la sociedad para ser felices (sitienes dineroy bienes materiales,serás feliz), pero no son felices del todo. Básicamente, esas personas pasan 90% de sus vidas esperando algo, otras personas que no sienten que esas reglas sean correctas para ellos; son felices y satisfechosin tenr que esperar por alguien o por algo.

Es inadecuado basar tu felicidad o satisfacciónobteniendo cosas o bienes.

¿Qué pasa si no obtienes lo que deseas? No necesitamos *cosas* para ser felices en este memento. El minimalismoesencialmente rompe el esquema de que las personasquieren más y más. Minimalismosignifica encontrar la felicidadenlo que realmente tenemos en lugar de atar nuestra satisfacción en cosas materiales.

Un círculo vicioso que nos hace alejarnosde nosotros mismos, nos movemos equilibrándonos con nuestros pensamientos. Tome un tiempo para repensar cómo quiere pasar su tiempo y gastar su dinero, no se lamentará.¿Cuál es su minimalismo?No existen reglas para ser un minimalista,cada persona debe elegir sus propias reglas.No estará preparado para hacer cosas, pero ciertamente estará preparado para comenzar a hacer algo. Hay muchas maneras de incrementar la calidad de sus vidas eliminando cosas en lugar de añadirlas.

Los minimalistas suelen ser amantes de la tecnología y los viajes y no temen a los cambios. Si tienes menos cosas puedes moverte más rápido y fácilmente. Un renacimiento, una revolución, una liberación de esos objetos que nunca usó es vital para recordarnos que no necesitamos nada. El minimalismo, para evitar malentendidos, no es una reacción al consumismo. Esencialmente el minimalismo es una forma de romper el patrón para que siempre desees más.

El Minimalismo significa encontrar felicidad, alegría por lo que ya tenemos, romper un círculo vicioso que nos hace alejarnos del nuestro ser y avanzar hacia un equilibrio lejano.

Capítulo 2: Desprenderse de Posesiones Matriales

Muchos de nosotros ponemos demasiado énfasis en esos objetos que tienen poca importancia para nuestra calidad de vida. La vida no se trata de estar absorto en objetos, sino de establecer buenas relaciones con otras personas y tener una mente equilibrada. Gastar demasiada energía para adquirir posesiones materiales le roba la oportunidad de compartir energía positiva con otras personas, cuanta más energía positiva irradies a los demás, más volverán en retribución. También vale la pena señalar que el materialismo es vano, ya que no tendrás tiempo para disfrutar de los objetos que ha adquirido porque siempre estarás obsesionado con acumular más. Aquí hay maneras de separar ese materialismo para tener una vida simple y minimalista.

Renunciar a cosas

Separarse de los objetos con lo que se esforzó por adquirir no es tan fácil. No obstante, cuanto más se aferre a ellos, más oportunidades tendrá de llevar una vida alere. Vivir una vida simplista no significa que renuncies a todos los objetos y vivas como un monje, más bien debe dejar de lado las cosas que no agregan valor a su vida; mire cada objeto alrededor de su casa y pregúntese si lo hace una mejor persona, o simplemente acaricia su ego. No vale la pena tener objetos que compró por capricho o para impresionar a otros (y que rara vez los usa), independientemente de su valor monetario, renunciar a tales objetos daña su vida y crea más espacio para establecer relaciones saludables.

Invertir en experiencias

En general, las experiencias nos dan más placer que los objetos físicos, piénsalo de esta manera, ¿Qué es más placentero entre ser dueño de un crucero que rara vez usa o tener la oportunidad de ir en un crucero? ¿Ser propietario de una casa de playa de lujo o tener la oportunidad de unas vacaciones familiares? En ambos casos, el último ofrece más placer que el anterior. Es más probable que recuerde unas vacaciones con amigos que un reloj caro que compró en una subasta hace dos décadas. Invierta en experiencias sociales ya que lo ayudan a establecer relaciones que le proporcionarán una felicidad duradera.

Cultivar relaciones sanas

A diferencia de las posesiones materiales, las relaciones sanas tienen un efecto recíproco y pueden durar toda una vida, puedes compartir la alegría con amigos y seres queridos, caso contrario, no puedes hacer lo mismo con objetos inanimados. Así, los amigos pueden ayudarlo a atravesar fases difíciles a diferencia de las posesiones materiales. Si debe tener objetos particulares, entonces su función debe limitarse a ayudarlo a desarrollar su mente y establecer buenas relaciones con otras personas. Elige amigos basados en personalidades en lugar de su estado financiero, pase más tiempo con ellos, escuche y muestre una preocupación genuina por lo que está sucediendo en su vida.

Ayuda a otros

El voluntariado para ayudar a otras personas no solo lo ayuda a formar relaciones sociales sólidas sino que también lo ayuda a desconectarse del materialismo. Darle una mano a otras personas te acerca con ellos y te ayuda a crear nuevas amistades, también te da un sentido de propósito y cumplimiento, además, te ayuda a mejorar tus habilidades sociales y de relación. Lo más importante es que el voluntariado aumente tu felicidad, ayudando así a combatir la depresión y la ansiedad.

Capítulo 3: Técnicas de organización minimalista

Abrazar el minimalismo en la organización de su hogar no significa que tenga que parecer un pasillo vacío, más bien, le ayuda a eliminar el desorden y dejar sólo los muebles y objetos esenciales, sin menos desorden superaremos física y mentalmente todo, podrems admirar la belleza de cada mueble u objeto que se destaca claramente. Por lo tanto, un hogar minimalista no solo es encantador sino también muy acogedor. Además, un hogar minimalista es más fácil de limpiar y organizar lo que le da suficiente energía y tiempo para perseguir otras pasiones. Aquí hay maneras en que puede organizar su hogar con un enfoque minimalista.

Hacer un inventario

Comienc su día organizando toda su casa con pocos minutos de obsrvacióny un plan cuidadoso, camine por su sala, cocina, comedor y por las habitaciones, cuidadosamente observe cada objeto oartículo como los muebles, de esta manera determinará si requiere de ellos o no. A lápizy un cuadernosería recomendabe tenerlos en este nivel, tome no ta de los objetos que noha usado en los últimos meses y que no agregan valor a su vida. Esto le generará ideasde lo que necesita mantener, reubique, regale o échelo a la basura.

Paquete No Esencial

Una vez que haya escrito qué guardar y qué no, busque algunas cajas y empiece a empacar cosas que no necesita. Reserve unos minutos cada día o cada fin de semana para llevar a cabo la tarea de desorden, ya que recorrer todas las habitaciones puede ser abrumador, comience con la que tiene más desorden y avance hacia la que tiene menos. Etiquete las cajas de manera adecuada, por ejemplo, marque una caja como 'basura' y la otra como 'caridad'. Ordene los elementos que no pueden servir a ningún propósito en el cuadro de "basura", mientras que los que pueden ser útiles para alguien deben ir al cuadro de "caridad". Es posible que tenga algunas piezas sentimentales que no pueda tirar o regalar, guárdelas en una caja separada y métalas en un estudio o un ático.

Reubicar

Después de guardar los artículos no esenciales, es hora de mover los objetos y muebles restantes a posiciones naturales. Algunos objetos deben haber sido colocados en posiciones inapropiadas en la casa debido a espacio insuficiente. Por ejemplo, mueva el televisor directamente desde delante de una ventana, o a una pared opuesta y perpendicular. Esto no solo pondrá menos tensión en los ojos, sino que le permitirá que entre más luz en la habitación. Quite los objetos pequeños, como ropa, zapatos, libros y bolígrafos de las mesas y guárdelos en estantes o armarios. Tome nota de los objetos con desorden visual (como alfombras o cortinas con patrones complejos) e intente encontrar reemplazos con patrones lisos o colores sólidos.

Donar o dar por ¨caridad¨

La (s) caja (s) de 'caridad' que empacó cuidadosamente antes debe estar ocupando un poco de espacio en su casa. Llévelos a su automóvil y regálelos a un vecino u organización que los necesiten, al final del ejercicio, no solo terminarás con un hogar relajado mental y físicamente, sino que también habrás ayudado a otras personas con lo que necesitan más que tú.

Capítulo 4: Menos estrés

Las personas acumulan y guardan las posesiones por varias razones, algunos compran cosas en un remate, otros lo hacen para aparentar éxito, mientras que el resto compra esos objetos con la esperanza de usarlos algún día, en un futuro. El consumismo nos hace adquirir aún más y ver menos de lo que realmente necesitamos o si lo necesitamos o no. A través del tiempo esas posesiones se amontonan y crean un estorbo en nuestras vidas. Espacios ocupados hacen muy dificil la concentración y el buen desempeño llevándonos a crear un estrés físico y mental. Adquiriendo menos ayuda nos hace más eficientes, tranquilos y más efectivos. He aquí algunas razones del porqué más posesiones crean más estrés...

La infelicidad

Es plausible esperar que cuanto más dinero gane, más feliz sea, después de todo el dinero nos da el poder de adquirir mejores casas o autos. Sin embargo, los estudios han demostrado que la felicidad basada en las posesiones es de corta duración ya que uno se adapta rápidamente a ellas y desea nuevas y mejores cosas. La mayoría de las veces el deseo por objetos más nuevos y mejores crece a un ritmo más rápido que el que los ingresos pueden sostener. En consecuencia, esto lleva a la infelicidad a medida que los deseos de uno llegan a un nivel que no puede permitirse.

Estrés mental

Poseer más cosas crea más responsabilidades y desorden, administrar una casa desordenada puede provocar estrés mental y menos eficiencia. Una casa desordenada también necesita mucho tiempo y energía para ordenarla, terminará gastando mucho tiempo para ordenar cosas o buscar lo que necesita. El desorden visual también limita la capacidad de su cerebro para enfocar y procesar información, tener demasiados objetos alrededor de su espacio de trabajo nubla sus sentidos y compite por la atención. Esto limita su capacidad para pensar con claridad lo que genera el estrés y la frustración.

Deseo por más

Adquirir más posesiones significa que necesitarás una casa más grande para acomodarlas. Por ejemplo, más asientos requerirán una habitación más grande, más electrodomésticos de cocina necesitarán una cocina más grande, y más autos significan que necesitará un espacio de estacionamiento mucho más grande. Conseguir una casa más grande para acomodar estas nuevas posesiones significa que tienes que trabajar aún más para comprarla. Esto pone tensión mental en su mente y limita la cantidad de tiempo disponible para las relaciones interpersonales significativas. Trabajar sin tener tiempo suficiente para descansar puede ocasionar agotamiento y otros problemas de salud.

Tiempo limitado para la recreación

Las actividades recreativas nos ayudan a regenerar la energía perdida y reforzar el vínculo con otras personas. La idea de que ganar más dinero te brindará más oportunidades para realizar actividades recreativas es ilusionista, ya que para ganar ese dinero necesitas pasar más tiempo en el trabajo. Ganar más dinero y adquirir más posesiones se convierte en una clase social que necesita un trabajo más difícil de mantener. Las personas ricas rara vez tienen tiempo para pasar con amigos o para divertirse por lo que es más probable que pasen su tiempo trabajando en cursos que solo mejoran sus carreras y riqueza.

Capítulo 5: Organizar tu Horario

El minimalismo no se trata solo de tener menos posesiones sino también de utilizar los recursos de manera efectiva. Si bien tenemos la capacidad de hacer mucho, los recursos limitados significan que tenemos que planificar cuidadosamente cómo usarlos. Una de las decisiones más importantes que puede tomar es eliminar cosas menos importantes o innecesarias de su agenda. Un horario demasiado estrecho le impide alcanzar todo su potencial y lo lleva al estrés. El estrés lo ralentiza y consume energía valiosa que puede utilizar de manera productiva para lograr su propósito. Aquí hay algunas formas simples en que puede ordenar su agenda como un minimalista.

Identifique su Propósito

Antes de desarrollar un plan deorganización, necesita saber cuáles son sus objetivos en la vida. Identificar su propósito ayudará a usar su tiempo de manera efectiva, quizás sea mejor comenzar con lo que quieres lograr, esto no solo lo ayudará a establecer una estructura básica sino también a establecer objetivos. Por ejemplo, puede comenzar a hacerse preguntas tales como cuál es su objetivo en la vida, qué tipo de persona quiere ser, qué tipo de relaciones le importan y cómo puede desarrollarlas o fortalecerlas.

Tareas Prioritarias

Una vez que haya identificado lo que desea lograr, deberá desarrollar un plan sobre cómo hacerlo. Anote todas las tareas que necesita realizar en un día, semana, mes o año. Luego ordena las tareas por orden de importancia o urgencia. Por ejemplo, tendrá que trabajar en un informe que debe presentarse al final de la semana antes de redactar un presupuesto para las vacaciones del próximo mes. Asegúrese de establecer metas que pueda alcanzar y asigne un tiempo razonable. Establecer metas más allá de su alcance o asignarles un tiempo insuficiente solo conducirá a la frustración y la decepción.

Elimine Obstáculos

Después de priorizar las tareas, debe identificar las cosas que le impiden alcanzar sus objetivos, podría ser alguien que te siga desanimando o tu costumbre de revisar y actualizar constantemente tus perfiles de redes sociales. Cualquiera que sea el obstáculo, debe deshacerse de él inmediatamente, posponerlo solo lo hará que retroceda. Si hay un amigo que sigue interfiriendo con sus planes, busque tiempo y dígale qué le gustaría que hiciera al respecto, tal vez el individuo no esté consciente de que está interfiriendo con sus planes en primer lugar. Si es un hábito, deshágase de las cosas que lo nutren, la mejor manera de detener un mal hábito es encontrar un reemplazo adecuado. Por ejemplo, inscribirse en una clase de gimnasia por la noche limitará el tiempo que tiene para pasar el rato en los bares.

Búsqueda de la Motivación

Las motivaciones nos ayudan a disfrutar haciendo lo que hacemos, haga un balance de tu vida y descubre qué te motiva. Podría ser escuchar música edificante, cantar o bailar. Sea lo que sea, asegúrese de que la motivación no lo distraiga de las tareas principales. Por ejemplo, rodéate de personas que compartan tus ideales, cada vez que retroceda, estas personas lo ayudarán a volver al camino correcto. Otra forma de mantenerse motivado es pensar qué sucederá si no alcanza su objetivo. La idea de no lograr tus objetivos es una forma segura de motivarte para mantener el rumbo.

Capítulo 6: Aprende a Ser Agradecido con lo que Tienes

La pregunta que debe hacerse es: "¿por qué pasar la eternidad buscando lo que no tengo?" Por difícil que sea la respuesta, también es muy simple. Sé agradecido por lo que tienes y olvídate de lo que no tienes. Enfócate en cómo hacer esto como un minimalista y la felicidad será tu parte eterna. Ser minimalista es una opción que muchas personas prefieren evitar, pero los resultados son muy satisfactorios. Para ser un minimalista, necesitas encontrar un propósito para tu vida y lograr lo que realmente te importa.

Vivir la vida simplemente es muy dulce y gratificante y también agrega un significado a tu vida. Una condición es que debe continuar haciendo lo que agrega valor a su vida, como ayudar a los necesitados, ayudar en la iglesia, hacer ventas y otras experiencias que mejoran la vida. Pero una cosa que no conduce a vivir la vida simplemente es el atributo del dinero. Deja de preguntarte, el dinero es realmente muy bueno, pero es destructivo para tu vida mínima y simple si está hecho para ser el foco. Cheque de pago de grasa no conduce a la superación personal. La superación personal proviene del corazón y sus impactos se reflejan a través de la simplicidad. Hay trabajadores mal pagados que son en realidad más ricos que los individuos con una carrera muy bien pagada en la gran corporación, porque están contentos con lo que tienen. La lógica es simple, agradece lo que tienes y olvídate de lo que no tienes. Centrarse en cómo hacer esto como un minimalista.

El minimalismo se llama el modo de vida simple. También se le llama la forma apasionada de vivir. Simplemente aprecia y sé muy grande por lo que tienes. La positividad en tu vida tendrá un impacto en la superación personal, y definitivamente encuentras el celo para adquirir las cosas importantes que faltan en tu vida.

La mayoría de las veces, hay un vacío en la vida que no puede ser llenado por la riqueza, el dinero, las propiedades o los

amigos. La iniciativa para llenar este vacío a menudo desvía a las personas en la búsqueda de cheques de pago, nuevos amigos y otros servicios. Lo más probable es que estés en la misma tendencia, pero llenar este vacío es realmente muy fácil
¿Qué necesitas en tu vida diaria? Encuentra lo que necesitas y olvídate del resto, aquellos que necesites traerán felicidad y llenarán el vacío, pero la persecución a menudo trae desesperación. Para averiguar lo que necesita, deberá realizar una revisión y un análisis de sí mismo, suelte lo que no necesita porque no le agrega valor a su vida, vivir una vida simple obteniendo solo lo que necesita ayudará a reducir la depresión y conduce a una vida satisfactoria y simple.

Finalmente, vivir para esperar un cheque y una carrera, no le agrega valor, esto no es vivir en absoluto. En su lugar, vive para tu goce y propósito, agrega significado a tu vida. Sé agradecido por lo que tienes y olvídate de lo que no tienes, céntrate en cómo hacer esto como un minimalista y serás siempre feliz.

Conclusión

¡Gracias de nuevo por descargar este libro!

Espero que este libro haya podido ayudarte a descubrir las formas del estilo de vida minimalista. Disfruta la vida con menos estrés, más felicidad pero sobre todo, sencillez.

Por último, si disfrutaste de este libro, me gustaría pedirte un favor, ¿serías tan amable de dejar una reseña de este libro en Amazon?
¡Lo apreciaría mucho!

Parte 2

Introducción

Yo quiero agradecerles y felicitarlos por descargar el libro.

Este libro contiene pasos y estrategias comprobadas sobre cómo puedes vivir simplemente sin tener que comprometer nada por el simple hecho de hacerlo. Después de todo, vivir frugalmente no significa privarse por completo de las cosas que disfruta, se trata de encontrar un equilibrio y asegurarse de que solo toma lo que necesita.

Algunas de las cosas que aprenderá en este libro incluyen:

- ¿Que es Minimalismo?
- Derribando Mitos Sobre el Minimalismo
- Los Beneficios del Minimalismo
- Empezando con El Minimalismo
- Maneras Sencillas de Organizar

¡Entre Muchas Otras!

Gracias de nuevo por descargar este libro, espero que lo disfruten.

Capítulo 1: ¿Qué Es Minimalismo?

Minimalismo significa vivir de manera simple y estar satisfecho con solo tener lo que realmente necesitas. Sin embargo, muchas personas parecen tener una idea más bien transformada de lo que es, a menudo pensando que implica renunciar a todas sus pertenencias y vivir de los elementos más básicos. Este no es ciertamente el caso; Hay diferentes grados cuando se trata de hacerlo y todo depende de ti. ¿Hasta dónde estás dispuesto a llevarlo?

Algunas personas optan por aplicar el minimalismo a sus posesiones básicas, como la ropa; limitándose a no más de 50 o incluso 30 piezas a la vez. Ahora, por supuesto, no todos pueden hacer esto, dado que todos llevamos diferentes estilos de vida. Esto es lo mejor de convertirse en un minimalista; de alguna manera, define sus propias formas de hacerlo manteniendo la idea central de vivir de manera simple y nunca tener más de lo que se necesita.

Para ayudarlo a comprender mejor el

concepto, veamos cómo es un minimalista. Son personas intencionales. Alguien que practica el minimalismo a menudo tiene una idea clara de hacia dónde se dirige en la vida y sabe que esto es algo que se puede planear y como le va a afectar. No son del tipo que simplemente aceptan lo que se les lanza y, aunque son conscientes de que es imposible tener control, sobre todo, aún son capaces de elegir sus opciones como un medio para dirigir o llevar su vida en la dirección deseada. La idea aquí es que debido a que no hay muchas distracciones que saturan su punto de vista, es mucho más fácil para ellos ver el panorama general.

Los minimalistas tienden a estar desapegados de muchas, si no de todas, las posesiones mundanas. Esto ya es bastante evidente en el hecho de que no poseen muchas cosas y, a menudo, purgan sus vidas de las cosas que no necesitan. En su opinión, esto es solo un peso no deseado y sin él, se vuelven mejores en la toma de decisiones y ya no están limitados por estar atados a estas cosas. Por ejemplo, comprar un nuevo par de zapatos negros y caros podría limitarlo a solo hacer ciertas cosas con ellos. Puede ahorrar durante meses y meses, pero solo puede usarlos para salir por la noche y con mucho cuidado; el simple hecho de que haya invertido tanto para que se rayen o los pisoteen es simplemente devastador. ¿Invertir en unos zapatos? No es un estilo minimalista.

Dicho esto, también son amantes de la calidad y la funcionalidad. Si una determinada pieza de ropa, muebles o cualquier otro artículo puede tener más de un propósito, entonces se asegurarán de obtenerlo. Menos cosas significa que las cosas se usan con más frecuencia y, como tales, deberían ser capaces de soportar el uso y desgaste. Un buen par de zapatos que se pueden usar para trabajar, para salir a eventos formales e informales se consideraría una gran inversión para ellos. Ya no se trata de seguir tendencias, ya que prefieren las cosas que pueden pasar de un estilo a otro sin que sea monótono. También se puede decir que los minimalistas tienen un ojo más agudo para la moda que la mayoría de las demás personas.

Prioridad centrada. Uno de los conceptos principales del minimalismo es cuestionar el propio consumismo y si lo que está a punto de comprar es algo que realmente necesita. Priorizar es lo básico aquí y si puedes vivir sin él, es probable que no lo necesites. No, no necesitas otro par de zapatos negros o un nuevo juego de platos para tu cocina. Incluso si se trata de una planificación para futuras cenas, eso puede o no suceder. Este es el tipo de mentalidad que crea desorden en primer lugar. Vive en el ahora y compra solo las cosas que necesitas en el momento presente. Te sorprenderá lo poco que realmente necesitas.

Lo que debe recordar es que convertirse en un minimalista no le proporciona un boleto de entradasegura en un grupo de élite de personas que se definen por la pequeña cantidad de posesiones que tienen. Al optar por convertirse en un minimalista, también está diciendo no al consumismo sin sentido ya las distracciones que lo acompañan. Es algo que está impulsado por una necesidad interna de simplemente estar libre de estas cosas y vivir una vida más feliz y más plena que esté de acuerdo con sus creencias.

Capítulo 2: Derribando los mitos sobre el minimalismo

Se ha dicho mucho sobre el minimalismo y si bien muchas de estas cosas entienden el punto, hay algunas que son bastante ridículas y simplemente le dan una mala reputación al concepto. Para ayudarlo a comprender más sobre esto, vamos a refutar algunos de los mitos más comunes que se están dando acerca de convertirse en un minimalista.

Sobre el tema de la crianza.

La gente parece creer que el minimalismo solo puede funcionar para personas solteras que viven solas y tienen más libertad para hacer lo que quieren. Sin embargo, este no es ciertamente el caso, ya que hay innumerables parejas que practican el minimalismo y aún viven vidas felices y plenas.

De hecho, también es posible practicar el minimalismo incluso si estás rodeado de personas que no están interesadas en la idea. La clave aquí es comunicar sus necesidades y las de ellos y luego encontrar un equilibrio entre las dos. Si usted y su cónyuge (por ejemplo, no les gusta la idea) están dispuestos a trabajar juntos para asegurarse de que ambos están viviendo el tipo de estilo de vida que desean, entonces nada debería impedirle continuar con la práctica, incluso después del matrimonio.

Minimalistas son padres horribles.

De nuevo, algo que se relaciona con no ser soltero. Si cree que tener un montón de cosas diferentes es la única manera de mantener felices a sus hijos, entonces los minimalistas son padres horribles. Pero mire, esta es la idea que realmente trae infelicidad en el futuro. El minimalismo, por otro lado, les enseñaría a los niños que las posesiones materiales no podrán traerles la felicidad.

En su lugar, esto les enseñará a comenzar a buscarla en el entorno en el que viven, así como dentro de ellos mismos. Los niños no nacen con la necesidad innata de tener muchas cosas, ni nacen con envidia. Esto es algo que realmente inculcamos inconscientemente. Entonces, si puedes cortar el brote temprano, ¿no lo harías?

Los minimalistas no poseen nada y quieren que otros hagan lo mismo.

Pregúntele a cualquiera que practique el minimalismo y esto sería lo que más se les pregunta. "¿Realmente no tienes nada?" La respuesta simple (no se pretende hacer un juego de palabras) es NO. A menos que estés planeando vivir como un monje, entonces tal cosa no es posible. Sin embargo, puede poseer mucho, mucho menos de lo que tiene ahora y eso es lo que buscan los minimalistas. Poseer solo lo que realmente necesitan y usarán. Solo mire su closet ahora mismo, ¿cuál es el porcentaje de la ropa que usa frente a la que no usa?

Si bien los minimalistas alientan a las personas a probar el estilo de vida, ciertamente no lo forzarán.

Capítulo 3: Los Beneficios del Minimalismo

Vivir un estilo de vida minimalista consiste en reducir la cantidad de cosas que tienes. Hay algunos beneficios obvios, por supuesto, como mucho menos limpieza y desorden que causa estrés. Pero también va más allá de eso, este cambio de estilo de vida aparentemente simple puede traer una serie de beneficios tanto físicos como mentales. Incluso puedes sorprenderte una vez que lo hayas intentado.

Para ayudarlo a comenzar, aquí están los principales beneficios que puede proporcionarle un estilo de vida minimalista.

Podrás crear más espacio para lo que es realmente importante. Cuando comience a purgar sus closets y cajones, esto no solo creará una sensación más ligera, sino que también le proporcionará más espacio para las cosas que realmente importan. Se trata de tener cosas con significado en lugar de llenar vacíos con cosas sin sentido.

Mas libertad. Ponga todo lo que posee en perspectiva. ¿Cuántas de estas cosas tienes miedo de perder? Bastante ¿verdad? Bueno, es ese tipo de mentalidad que le da a estos objetos algo de poder sobre ti. En cierto modo, en lugar de que tú los poseas, comienzan a ser tuyos. Al dejar ir, comienzas a liberarte de esa ancla. Ya no tienes que preocuparte o incluso trabajar demasiado por algo que solo podría darte felicidad temporal.

Le permite centrarse más en su salud y aficiones. Una de las razones más comunes por las cuales las personas acumulan tantas cosas es porque quieren mantenerse al día con todos y con todo. Piensan que al ser dueños de esto y de lo otro, podrán encontrar más satisfacción y aprobación de sus compañeros. Sin embargo, éste no es el caso. La mayoría de las veces, sus compañeros sufren el mismo tipo de problema. Al deshacerse de la basura y de la mentalidad en sí misma, será capaz de concentrarse más en otras cosas. ¿Qué tal encontrar una alegría que realmente le dé una sensación de plenitud? Unas vacaciones en lugar de comprar un nuevo conjunto de muebles para agregar a los otros diez que ya tiene. Las cosas que realmente significan algo.

Podrá aumentarsu ingenio y creatividad. Debido a que no posee muchas cosas, tendrá que ser ingenioso a la hora de dar buen uso a lo que hace. El desafío es un gran ejercicio cerebral y de seguro se sentirá realizado después

Un planeta más verde. Este es bastante simple, cuantas menos cosas compre, mejor será para el medio ambiente. Nuestra codicia y el consumo excesivo de casi todo es una de las razones principales por las cuales los recursos naturales se agotan. Así que al hacer esto, no solo se está ayudando a si mismo. También está haciendo un favor al planeta. Deshacerse del exceso.

Capítulo 4: Empezando Con El Minimalismo

Para muchas personas, separarse de sus cosas puede ser una experiencia bastante difícil. Esta es también una de las razones por las que las personas no la llevan a cabo. Sin embargo, una vez que haya decidido que lo va a hacer y si está listo para un cambio total en su estilo de vida, aquí tiene algunos pasos simples para comenzar con el minimalismo. Recuerde, no tiene que deshacerse de todo de una, ya que dar pasos de bebé es igual de bueno.

I. Deshacerse del Exceso

Deshágase de cualquier duplicado que tenga. Ya se trate de utensilios de cocina o ropa. Cuando tienes dos, es probable que uno de estos no sea tan útil como el otro. Para disminuir la decepción, regálelo o, mejor aún, véndalo en sitios de subastas en línea. El dinero que obtienes es definitivamente un reemplazo digno para él.

Establecer un límite de elemento. Esto

podría ser complicado para aquellos a quienes les gusta estar muy cerca durante esos momentos "por si acaso", pero admitámoslo, ¿cuándo podrá usar ese sombrero de vaquero? ¿O ese brillante overolde los 80? Aquí es donde la practicidad entra en escena. Solo guarde lo que podrá usar diariamente, las necesidades. En cuanto a las ocasiones especiales, es cuando realmente sale y compra algo, si no hay nada en su closet que pueda ser reutilizado para ello.

Tener una venta de garaje. Si está buscando algo de motivación cuando se trata de poder dejar de lado los artículos para los que no tiene mucho uso, tener una venta de garaje sería la mejor opción. La idea de ganar un poco más de dinero extra de los artículos que de otra manera se hubieran acumulado polvo en su hogar podría hacerle pensar dos veces antes de conservarlos.

Pídales a sus amigos que participen, pero no de la manera que ellos esperan. Uno de los problemas más comunes que enfrentan los minimalistas principiantes es el temor de recibir un regalo que no necesitan. Si bien esto puede parecer desagradecido, mantener algo fuera de cortesía, incluso cuando no lo esté usando, es básicamente lo mismo. Entonces, para evitar tener que volver a regalar o terminar con cosas acumuladas, informe a sus amigos de antemanosobre el cambio de estilo de vida que está haciendo.Asegúrese de que entiendan por qué ya no acepta regalos u opta por una mejor alternativa.

II. Convertirse en un Consumidor Inteligente

Dirígete al centro comercial con un objetivo real en mente. Si sabes exactamente lo que necesitas obtener, entonces hay muy pocas posibilidades de que termines deambulando por los pasillos, mirando a otro lado lo que se podría comprar. Confíe en nosotros cuando le decimos que encontrará cosas pequeñas que querrá comprar, pero que no tiene una necesidad real. Así que planea y prioriza al comprar.

Antes de finalizar la compra, siempre pregúntese lo siguiente: ¿Cuánto tiempo durará esto? ¿Con qué frecuencia podrás usarlo? ¿Se ve y se siente bien en mí? Las tres son preguntas importantes cuando se trata de invertir en casi cualquier cosa para su hogar. Recuerde que siempre tiene opciones y, a veces, siempre es mejor dormir en algo antes de comprarlo.

Sigue la regla menos uno. Básicamente, esto significa que cada vez que compres algo, tienes que eliminar un artículo de tus posesiones actuales. Entonces, si está comprando un par de zapatos nuevos, también debe regalar o vender uno. Esto asegura que no esté acumulando más cosas y que el "balance" permanezca intacto.

III. *Minimalismo con Niños*

Entonces, lo que tienes arriba son solo los conceptos básicos para comenzar con el minimalismo y son lo suficientemente simples como para seguirlos cuando se trata de ti mismo. Sin embargo, el juego cambia cuando hay niños en la imagen. Puede ser un poco más complicado, pero ciertamente no imposible. Aquí hay algunos consejos:

Explica las razones por las que es necesario e importante. Puedes pensar que tus hijos no lo entenderán, pero esto es ciertamente falso. En la mayoría de los casos, si lo escribe de manera sencilla y establece ejemplos fáciles de seguir, podrán comprender el significado y la importancia de poseer menos.

Fijar un ejemplo. Por supuesto, esto es importante. Antes de que participen, deben ver cómo funciona y usted les proporcionará esto. Muéstrales lo que haces para mantener esto al mínimo y cómo pueden participar también. Que sea una actividad familiar. Esta es la única vez que "cuanto más, mejor" en realidad se aplica.

Una vez que estén de acuerdo, asegúrese de no hacer nada drástico. Comience con poco y permítales elegir las cosas que van a regalar. Tráigalos para donar personalmente los artículos; tener una idea de dónde van las cosas y cómo pueden ayudar es un gran motivador.

Enseñarles la importancia de las compras inteligentes. Sí, incluso los niños que parecen estar enamorados de casi cualquier cosa dentro de una tienda pueden ser persuadidos a elegir un solo artículo. Todo depende de qué tan bien pueda explicar por qué y, por supuesto, condicionarlos para que quieran menos.

Por último, tenga paciencia al tratar con niños más pequeños. Es posible que no siempre entiendan o sigan el minimalismo de la forma en que usted los quiere, pero si se les da el tiempo suficiente y si nutren la idea, crecerán lentamente en ella y luego podrán ver los frutos de sus esfuerzos.

Asegúrese de que sus acciones son recompensadas. Si hay algo para lo que realmente les gusta, para el que tiene el dinero disponible, pídales que regale las cosas que ya no usan a cambio de ello. Es un sistema de recompensa que va en ambos sentidos.

Capítulo 5: Consejos Simples para Ordenar Su Espacio

El desorden de las diferentes habitaciones de su hogar no tiene por qué convertirse en una tarea rutinaria. Hay muchas formas sencillas mediante las cuales se puede hacer esto para que incluso toda su familia pueda participar. Esa es una forma de inculcar en ellos la importancia de organizarse y de no poseer más de lo que se necesita. Bien, vamos directamente a ello.

Designar áreas para diferentes cosas. Tenga uno para lo que ya está terminado, en lo que está trabajando y para los que están ingresando. El papel explica gran parte del desorden que se encuentra en las mesas de estudio y los escritorios, por lo que es importante clasificarlos correctamente. Esto debería ayudar a que todo sea más fácil para usted también, ya que sabe exactamente dónde está todo. Separe el correo de los papeles de la escuela. Tenga cajas especiales para sus recibos y otros materiales relacionados. Al crear un sistema de archivo simple pero eficiente, la clasificación de todos los papeles diferentes que reciba se convertirá en una brisa.

Iniciar una zona libre de desorden. Limpie un área, puede ser la mesa de su cocina, un mostrador o incluso la mesa de café. La regla simple es que no puede colocar nada en él a menos que realmente esté en uso, de lo contrario, debe ser guardado. Ahora, cada día, expanda lentamente este espacio hasta que cubra toda la casa. Esto ciertamente requeriría mucha práctica y disciplina, pero sin duda se volverá más fácil con el tiempo. Haga que su familia también lo pruebe, con todos ustedes trabajando juntos, las cosas se vuelven mucho más fáciles.

Despeje semana de por medio.Esto le debería ayudar a repartir el trabajo y hacerlo más fácil para usted en cuestión de esfuerzo y tiempo. Después de todo,anadie le gusta gastarse un día entero recogiendo cosas de su casa. Sí usted vive con su familia, involúcrelos a todos, cuantas más manos haya, más fácil será el trabajo. Para los días en que esté haciendo un poco de desorden, siempre asegúrese de tener cajas y bolsas de basura listas para hacer que el proceso sea aún más fácil. Los fines de semana también son excelentes para las ventas de garaje, así que una vez que hayas terminado, todo puede ir directamente a eso.

Planifica con estrategia. La mayoría de las veces, las personas simplemente se zambullían de cabeza en un proyecto ordenado, yendo de un área a otra mientras intentan hacer todo. Este método no solo es muy agotador. Te dejará con todo a medio terminar porque seguiste yendo y viniendo. Por lo tanto, planifique con anticipación y aborde cada área de su habitación por separado. Dedique 15 minutos a cada área o más, si tiene menos espacio. Pruebe y averigüe cuánto puede hacer en una hora y una vez que haya dividido el tiempo asignado, comience a limpiar y no deje que nada lo distraiga.

Tenga cajas de organización pequeñas para sus cajones y nunca las llene hasta el borde. Después de un largo día, es muy tentador simplemente tirar todo en un cajón y dejarlo así todos los días. Sin embargo, esto crea desorden y está obligado a tener dificultades para encontrar lo que necesita. En su lugar, utilice cajas pequeñas y separe los artículos por categoría. Ahora, una vez que una caja está llena, solo significa una cosa: es hora de soltar algunas cosas.

En la habitación de sus hijos, instale cajas de juguetes pequeñas y no los enormes cofres que la gente recibe normalmente. Tener un recipiente más pequeño para juguetes también significa que mantendrían menos. Una vez que parece estar desbordado, es hora de regalar algunas cosas. Sin embargo, los niños se apegan a sus cosas (¡tanto como lo hacen los adultos!), Por lo que llegan a un acuerdo. Por cada tres o más cosas que regalan, les comprarás algo nuevo.

Conclusión

¡Gracias de nuevo por descargar este libro! Espero que este libro haya podido ayudarlo a comprender mejor lo que realmente significa el minimalismo cuando se trata del estilo de vida y las elecciones. Después de todo, hay innumerables percepciones erróneas al respecto.

El siguiente paso es probar y aplicar los conceptos que ha aprendido de este libro. De esta manera, podrás mejorar tu vida y la de tu hogar. Los beneficios de vivir un estilo de vida minimalista son numerosos y, a medida que continúe, está obligado a descubrir otros más personales que solo se aplican a la situación en la que se encuentra.

¡Gracias y buena suerte!

www.ingramcontent.com/pod-product-compliance
Lightning Source LLC
Chambersburg PA
CBHW071916070526
44583CB00016B/2010